구름은 시간을 묻지 않는다

박종욱 시집

제3의 문학

시집을 내며

시인이기 전에 한 인간으로 세상을 살아오면서 미지의 세계인 시에 매력을 느껴 보고 듣고 느낀 것들을 시로 써 보려 했지만 짧은 글재주로는 쉬운 일이 아니었다.

어설픈 시로 삶의 애환과 그리움을 말 한다는 것이 쑥스럽고 두렵다.

잠 재워 두었던 글들을 깨워 제2시집을 세상에 내 놓으려 하니 부끄러움이 앞선다.

그러나 삶이 곧 시라고 생각되어 나 자신을 발견하고 돌아본다.

하늘 닮은 맑은 시심으로 글을 쓰고 싶어 삶의 여적들을 들추며 성찰하는 시간만은 행복했다.

그동안 나의 시작의 근원이 된 그리운 고향...

꿈속에서도 그 뒤안길을 서성일 수 있어 덜 외로웠고 덜 슬펐다.

오늘의 나를 있게 한 큰 힘의 원천이라 여겨진다.

서툰 시에 의지해 살아가는 나를 곁에서 묵묵히 지켜봐 준 가족들에게 고마움을 전한다.

또한 나에게 늘 격려를 아끼지 않는 친구들과 보람을 함께 나누고 싶다.

이 시집을 엮어주신 『제3의문학』 안익수 주간님 감사합니다.

2015년 어느 무더운 날에

박 종 욱

차 례

차 례

차 례

차 례

1부

나의 마음은 너무 작습니다

누구든 혼자였다

삶의 이치는
누가 가르쳐주지 않는
나만의 화원

초록비가 지나는
꿈의 길섶엔 언제나
내 그림자 탓에
위로할 수 있었다

가여운 운치가 사뭇
가을 깊어가는 소리되어
이름 모를 비수라도
틀어놓을 날이면
잠들지 못하겠지

곁에서 웃고 있는 그 사람은
어쩌면 날 위해서 보내온 그림자일까
꿈처럼 울고 있는 긴 이야기는
널 위해서 쓰여 진 눈물 일거야

내 얼굴 보면서
이해할 수 있다면
그리 늦게 서있지는 않을 텐데
지독히 애 태우는
그 향기 때문에 놀라고 있는 것 일거야

자화상

머리에는
소리 없는 세월이 내려앉아
하얗게 변해가고
윤기 잃은 얼굴에서
지난 세월을 읽는다

초롱초롱하던
눈망울은
광채 없는 수정체가 되어
안경 너머로 세상을 본다
이마엔 삶의 기록을
잔주름으로 대신하고
어깨로는
짊어진 생의 무게를 느낀다

늙지 않고
젊음을 구가하며
아름답게 살고 싶은
희망만이 이렇게 서있다

봄 비

침묵의 세월 앞에
봄비가

문을 두들긴다

꽃잎 속에
스며드는

빗방울에

꽃은
봄비를
어찌할 수 없다

님이
내 몸 속에
스며드는데

난
님을
어찌 할 수가 없다

내 삶

내 삶에 무게
그저 한 올의 깃털 같은 것
무엇을 원하고
무엇을 찾는단 말이냐

그저 헤매며
알 수 없는 길 가는 것
평범함을 비켜서 살고자 했던
지난날의 욕심에서
내 발자국에 고인 물을 들여다본다

세월의 뒤안길

가고 오는 인간사
모두가 다
마음 속 그림
가없는 욕심 한없는데
어차피 울고 왔다
울음 배웅 받으며 떠나가는 길

어제의 떠남이 있고
오늘의 만남이 있듯이
구름에 세월 실어
사랑이란 그리움 안고
어둠을 빗질해 준들

심심산골 오두막
허름한 삶의 자락
세월의 등 뒤에
숨길 수 있을까
아무도 모르게.

빈 마음

마음과 마음사이
채우려는 마음과
비우려는 마음이 있다
빈 마음을 채우려고
많은 것을 알고자 한다

채우려는 마음과
비우려는 마음속에 갈등이 있다
무엇을 채우며
무엇을 버릴 것인지
꽉 채워져 있는 것을 비우려 애를 쓴다

욕심의 마음이 아니길
소망하면서
빈 마음과
빈 마음이 맞닿으면
진실의 체온이 느껴온다

빈손으로 왔다가
빈손으로 가는 길
왜 그리
많은 것을 움켜쥐고 가려 하는지
마음도 비우고 손도 비우고 싶다

가을 편지

구름에 가린 저편에
이별 준비를 하고 있다
나는 시계의 초침을 붙잡고
물들지 않는 나뭇잎을 바라 본다
단풍이 들지 않아도 찬바람이 불지 않아도
가을이 숨 쉬는 소리를 들을 수 있다
그리움이 먼저 찾아 왔기 때문이다
잠이 오지 않는 가을밤에
긴 편지를 쓰고 싶다
초침과 같은 속도로 자판을 두드리며
빨갛게 노랗게 가을글씨를 쓰고 싶다
사랑했던 이들에게
사랑하는 이들에게
아쉬웠던 가을 눈물 한 방울 떨구며
따라오는 가을의 서러움에 몸부림 칠 지라도
나 기꺼이 그대를 맞이하면서
긴 편지를 쓰겠습니다

노을

왜 이리 삶에 대한 애착이
절실히 느껴질까

어둠이 내리면 멀리 보이기 만 했던
산과 바다가
너무나 가까이 다가오고 있다.

정말이지
낙엽처럼 져버린 숱한 세월 속에

이제는 생의 끝자락에서
먼 계곡 넘어 가파른 오솔길로
달려가야만 하는지

잊을 수 없는 그 약속

울고 있는 내 어깨 다독거리며
한 갑 지나 데리러 갈 터이니
건강하게 꼭 살아 기다리라고

그때 만나 두 손 꼭 잡고
구경 많이 다니자고
40여 년 전 당신의 약속
오직 그 약속 가슴에 담고
기다리며 살았습니다.

찾아온다는 해
지난 지 여러 해
당신의 얼굴
당신의 목소리
아니 잊으려 애를 쓰지만

세월은 잔인하게
하나씩 하나씩 뺏어가
이제는 당신의 모습이
잘 떠오르지 않습니다.

더 기다려 줄 세월마저
얼마 남지 않아

당신 곁에 다가서지 못했던
내 회한의 눈물과 함께
이제 당신을 보내 드립니다.

등짐

힘들고 긴 세월
내 가슴에 머물고 있던
그리운 사람이여!

내 세월 강물이 바다에 닿으면
당신을 만날 수 있을까요.

고달프게 지니고 온 삶
무거운 등짐 벗어버리는 날
당신 찾아
훨훨 날아가렵니다.

그 사람

임이여
어찌 발길이 떨어졌을까
수 만 가지 사연의 줄기로 엉키어

가슴 한 쪽 서늘하게 남겨둔 채

명치끝이 막혀
긴 한숨으로 쓸어내리는
노을 넘어 흩뿌리고 가는
임이여

무정한 사람

꿈속에서라도
꼭 한번 만나고픈
내 사랑 그대여
눈감으면 밟혀오는
그리운 당신 얼굴이 보입니다

얼마나 그리웠으면
얼마나 가슴 아프고
보고팠으면
환영처럼
당신을 떠 올리고 있는 걸까요

마주했던 그 많던 순간들
주고받은 수많은 사연들
덧없이 사라져
아득히 멀어져버린
당신과의 추억들

애타도록 그리워서
목 놓아 울어보지만
입 꼭 다문 무정한 사람아
눈을 감아도 당신 모습이
눈에 아른거립니다

가시나무새

사랑은 허전한 틈을 타서

기막히게 마음 안으로 스며든다
그리고 또 사라지는 것이
사랑이기도 하다

생의 빈칸을
날날이 채워주는 것도 사랑이고
듬성듬성 골을 파서
절망하게 하는 것도 사랑이다

세상 어딘 가엔
풀꽃 같은 마음 하나로
생의 모퉁이에 있을
질경이 같은 진실 하나가 있을 것이다

단 한 번의 울음으로
생을 마감하는 가시나무새
단 한 번 사랑한다는 동작을 함으로
죽음도 불살라 기꺼이 몸 바칠 줄 알 것이다

크고 뾰족한 가시에
몸을 내 던질 줄 아는 것이
진정한 사랑이다

님의 자취

토드락 토드락
밤~ 새
창문 두들기더니
님께서
찾아오는 소리였구려.

투둑 투둑
우산위에 굵은 발자국 흔적
고개 들어 내 눈길 자주 끌더니
기다리던 님
다녀가신 발소리였구려.

빗방울 수만큼이나
그리움 불러 모으더니
철벽같은 님의 그리움도
그만
조용한 빗소리에
두 손 들고 말았구려.

사랑의 상처

세월가면 잊혀 지겠지
희미한 옛 상처 아직도 더듬거려
그대에게 향한 내 그리움은
그릴 수는 있어도 지워지지 않는
안타까운 그런 사랑이었나 보다

영원 할 수 없었던 그런 사랑이기에
피멍울 진 가슴 삭혀 달래보지만
지워지지도 않은 채 반쪽으로 남아
함께 나누었던 행복했던 시간들마저도
세월의 깊이만큼이나
또렸한 아픔으로 되돌아옵니다

미련한 인생

어디서 왔는지 모르지만
길고 긴
여행길이라 생각했는데
돌이켜 보면

잠시 쉬어가는 인생 길
아름다운 세상에
울고 웃으며
새겨 놓은 흔적들
아마 그게
우리 인생이겠지요

계절 가듯
세월에 실려
바람에 구름 가 듯

둥둥 떠가는 정처 없는 길
잠시 쉬었다 가는 긴 여정

돌아보면
종착역에 와 있는 나
빈손으로 가는 이치
혀끝으로 되 뇌이며

얼마나 더 살아야
욕심 찬 마음 가슴까지 비울지
아직도 미련한 인생이기에

노숙자의 아침

새벽 다섯 시
서울역 대합실 통로
고단했던 지난밤이
긴 하품 속에
여기저기 하나 둘 부스럭거린다

연체동물 같았던 生
뼛속바람 막아주던
의류박스 열면서
하룻밤 육신을 눕혔던
좁은 공간 밖으로
서서히 기지개를 켜고 일어난다

간밤에 얼음 짱 몸뚱이를 감싸 준
누더기 모포와 이불이 개켜지고
물품 보관함이 장롱인 양 빼곡하며
바람막이 종이 박스들
차례로 손수레에 실린다

거울 없이도
주섬주섬 옷을 갈아입고
지하철 화장실에서 양치와 면도로

여기저기 정보를 교환하며
새 아침 맞기에 분주하다

오늘 고기반찬이 나온다는 용산역 쉼터 찾아
첫 전철 타기위해 요금정산 칸막이를
특권처럼 훌쩍 뛰어 넘는 날렵한 몸짓
삶의 일터로 나선 환한 시민들 속에 섞여
고달픈 얼굴의 일그러진 표정

길게 늘어 선 한 끼 대열에 줄 서
선 자리에서 허겁지겁
거뜬하게 비운 식판
일회용 커피로
느긋한 아침을 맞는다

나의 마음은 너무 작습니다

나의 손은 너무도 작습니다
한 사람을 사랑하기에는
따뜻한 마음을 나누어 주기에는
언제나 부족한 나입니다

부족함으로 하루를 보내며
나만의 생각 속에 잠긴
바보스런 사람입니다

나의 마음은 너무도 작습니다
이 세상을 이해하기에는
이 세상을 포옹하기에는
너무도 작은 마음을 간직한 나입니다

때론 차가운 시선으로
남을 아프게 하는
못된 사람입니다

언제나 부족한 나
모든 것을 알아 가기에는
이 세상을 사랑하기에는
언제나 부족함뿐인 나입니다

사랑에 몸 닳아 본적 있느냐

나무와 몸을 섞고 있던 꽃잎들은
바람의 심한 질투에 살의를 느끼다가
앞서거니 뒤서거니 서로 다투며
스르르 시선을 돌려 몸을 떼어내고 있다

저 꽃들처럼 누군가에게
한바탕 몸 달아 본 적 있었냐고
저 꽃들처럼 몸부림친 적 있었느냐고
정녕 그러한 적이 있었느냐고 묻는다

속삭이는 소리에 정신을 잃은 적 없었지
느슨하게 매달려
늘 떠날 채비부터 서둘렀었지

가볍게라도 정 퍼주지 못한 것은
네 마음과 섞어질 줄 몰랐던 것은
지병처럼 달고 살 붉은 변명이 두려워서였지

여기에

나, 여기 이곳에 찾아 왔네
보고픈 마음
그리운 마음으로
여기 이곳 찾아 왔네

그리움 가지고
봄으로 접어드는 이 길목에서
내 마음이 머물 수 있는
숨 쉴 수 있는
이곳 찾아 왔네

내 추억 묻어 있는
기억 회상하며
보고픈 얼굴들
그리운 얼굴들
그리고 또 그려보면서

나
지금 여기
이곳에
머물러 있다네

봄으로 이어지는 어느 날

예쁜 기억 한 가닥 가지고
나 ,여기 이곳에 왔다네

내 마음이 머물 수 있는 곳 찾아서
친구가 보고플 때면
그리운 사람 생각 날 때면
나 여기 이곳에 온다네

사랑의 꿈

그대와 나
그대 눈길에 내 눈길 포개
내 온몸을 뿌리째 흔드는

소리 없는 지진을 맞고 싶습니다

그대 눈길에
아직도 알 수없는
깊은 우물이 있습니다

나의 눈길엔
사랑의 두려움과 갈구가 있지만
모든 것은 정지되어
당신과 나의 응시만 남아
두 마음의 우주를 영원히 떠 다닐것입니다

먼 훗날까지
우리가 만날 수 없다 해도
이 순간의 당신 모습만
내 마음 속에 영원히 남을 것입니다

내가 잃어버린 당신
머나 먼 여정 속에

깊은 우물 간직하며 지친 당신을
내가 기다리고
당신이 나를 찾는 동안만
우리 사랑의 꿈은 지속됩니다
소리 없는 지진을 맞겠습니다
사랑은 내 온 몸을 뿌리째 흔드는 지진이니까요

이방인

빛이 흐르는 돌담
그 지역엔
고즈넉하게 꿈을 익히는 하나의 염원
그것은 시간을 사르는 나의 기다림이었다

너에게 줄 이즈음의 대화는
나의 아픔을 짓씹던 앳된 보람의 결정
이제는 영원한 바람이 일고 있는데

청결한 당신의 마음 갈피마다
물보라 빛 엽서를 띄워야 하는 것을

어느 거리를 헤매야 할
당신이고 싶던 자리에
꽃 시샘과 언어를 가늠 하면서
지금은 태우지 못한
그리움을 아쉬워하고 있다

떠나야 했던 것은
너의 패러독스
원형질의 시린 껍질을 벗기고

그리고 꽃의 환희를

기다리는 계절의 여인은
어느 꿈결에 속삭이는
내 꽃잎들이 하나하나 지고 있다

耳順의 사랑

외로운 이 밤에
애써 잡아보려는 耳順의 사랑
마지막 처절한 발버둥에
현실의 벽은 너무 가혹 해
이제 서서히 가면을 벗고
뽀얀 속살로 마주하고 싶어도
어절 수 없는 그대와 나
애타는 보고픔만 더 할 뿐
늘 간절한 그리움에도
우리 현실은 끝이 보이는
허망한 그림자로
멀리 있는 나의 애달픈 사랑이기에
어이할거나
외로운 이 밤에
얼마큼 더 울며 지새워야
이 외로움 끝 길 있으려나

산

언제나 그 자리에서
큰 가슴 벌려
품어 주는
그대는 산

때로는
발목이 무겁지만
쏟아 내는 빛과
파란하늘 등에 업고 살며

오르막 내리막
시간을 밟아
가쁜 숨 고르며
구름을 민다

세상은 낮게 산은 높듯이
넉넉한 마음으로
살아가야할 발등을 내려다본다

젖은 낙엽

우수수 말년의 잡념이
가을비에 떨어져 나뒹굴어
기억의 편린으로
새벽 빗방울이 마당에 고인다

수 없는 발자국에 짓이겨진
가련한 잎사귀들이
보도블럭에 눌러 붙어
악착같은 바람을 움켜쥔다

이른 아침 청소부의 비질에도
떨궈지지 않을 질긴 미련들
꺼내지 못한 지난 이야기는
훗날 담고 가야 할 그림자이다

바람에 나부끼는
질곡의 이정표에는
바람들이 줄지어 서있다

들꽃 한 송이

온실에서 자란 꽃이 아닌
한 송이 들꽃
어제도 오늘도 콕 콕 찌르는 현실의 아픔을
무던하게 잘 견디어 피어 내는 속뜻을
이제야 알 듯하다

모진세월 언저리에
긴 터널을 지난 상처의 흔적들을
가슴에 묻고 살아야 하는
무거운 멍에라는 것을
이제야 철이 드는가

지난 인연

지나 간 인연
아픔으로 남았던 인연이라도
함부로 말하지 말아라
아픔조차도
돌아보면 사랑인 것을

지난 추억에
돌을 던지지 말아라
그 순간만큼은
그 어떤 것보다 아름다웠음을

설령 그가
거짓이었다 해도
그 누구보다
당신을 사랑 했었음이니라

그토록 아팠던 시간
고통으로 만 여겨졌던 순간들
훗날
돌아보니 모두가 사랑이었더라

지상의 단 하루

이 세상 마지막 숨 거둘 때
저승사자 다가와
지상의 단 하루
가져가라 허락 한다면
어느 날이 좋을까

사랑하는 그대 앞
입고 나갈 예쁜 옷 고르듯
이날저날 입어 봐도
아 어쩌나
어느 하루도 걱정 없는 아픔에
행복한 날 있었을까

아직 내게 남은 날 더있어
맘껏 행복 할 지상의 단 하루
근심 걱정 모두 벗어놓고
나비처럼 훨훨 날으며
가볍게 맞으리

물안개 피는 호수에서

우두커니 앉아 하늘을 본다
그득한 호수 위에
잡힐 듯 먼 산을 보며
스치는 바람결에 흔들리던 마음
갈대소리에 놀라
일렁이는 물 결 속에 감겨든다

잔잔한 가슴 속
바람이 흔들고 지나
이제는 보이질 않고 물안개만 자욱해
흐려진 눈앞에
다시는 생각 말자고 다짐 했건만
또 다시 그대의 잔상이 물결에 어린다

잡초

비바람
혹한 추위
밟고 또 밟혀도
다시 일어서야 한다

길 가 메마른 곳
의지할 곳 없는
오직 삶이라는 끈을 붙잡고
결국 일어서야 만한다

때로는
거짓과 위선일지라도
오로지 살아남기 위해
오늘 하루만을 바라본다

2부

혼자 하는 말

꽃보다

꽃보다
마음이 순수하고
생각이 맑은
그대만이 가질 수 있는 보물입니다

활짝 핀 꽃봉오리 엷은 떨림도
풀 섶에 머금은 한 방울 이슬까지도
가슴 속 깊은 정으로 새겨
진정 아름다운 미소를 가진
그대가 될 것입니다

비록 흔들리는 비바람에 꺾인다 해도
그대 내려 둔 어여쁜 모습은
내내 지지 않을 꽃보다
그대의 미소이기 때문입니다

미소는

미소는 향기가 있습니다
미소는 꽃밭입니다
미소는 얼굴의 얼굴입니다
미소는 어른의 거울입니다
미소는 마술입니다
미소는 열쇠입니다
미소는 친구의 친구입니다
미소는 세상을 따뜻하게 합니다
미소는 세상에 꽃씨를 심습니다.

비개인 오후

비 개인 여름날 오후

파랗게 물 먹은 나뭇잎 사이로

햇살 같은 정으로 구름꽃이 춤추고

쨍쨍한 뙤약볕이 찾아 든다

푸르름 아래 도란도란 속삭이며

열기 받아 익어가는 알곡들의 수런거림

화끈 달아 오른 벌건 얼굴에

뜨겁고 화끈한 열기가 쟁쟁거린다

홍 련 화

세월의 언덕에서
연꽃으로 피어나는 이맘 때 쯤
분홍 꿈 속살의 연한 마음 벗어내려
은은한 향의 풋풋한 시절을 되 살려 본다

추억의 흔적들은 뒤 섞여
멀어져 가는 사랑의 그림자 되고
깊게 다짐한 꽃대마저
바람에 맥없이 흔들린다

시린 가슴
묻어 둔 먼 시간
강 건너 메마른 기억들
햇살 받은 정은 아픔으로 피어 오른다

아직도 못다 한
그리움으로 머물고 있는데
여미지 못한
길목에서 낙화로 서성인다

정 이품 송

정 이품 송이 얼마나 멋 있길래
벼슬을 받았나 했는데
젊었을 때는 팔팔하고 멋졌지만
나이가 들어 여기저기 수술을 하고
링거를 꼽고 잘려 나간 모습에서
내 모습을 보는 듯했다

속 깊은 산은 그림자를 가둬
한세상 어울려 살자 했건 만
바쁘게 재촉한 노을빛에
지나온 길 물레소리에 감긴다

섬 넘어 섬 소무의도

햇볕 좋은 소무의도 갯벌
비릿한 바람 일어
갯것들이 살아 숨 쉬고
어머니의 가슴인 양
춤사위로 휘돌아
너울너울 세월로 흐른다

갈매기 떼 끼욱끼욱 한적한 백사장
널직한 품에 안겨
포구에 정박 된 목선
육지의 모난 아픔 감싸 안으며
그리움 품어 맺힌 석화의 눈물
자욱한 해무에 감겨 물때를 맞춘다

나에게 보내는 봄 편지

지난겨울
그래도 잘 참았지
긴 기다림 끝에
이렇게 또 봄이 오지 않겠나

아프면 아픈 대로
슬프면 슬픈 대로
그 마저 정이 들어

이제는
무겁게 걸쳤던 등걸을 벗고
새순으로 껍질을 밀어
한 송이 꽃으로 피워야 하는 것을

이 봄을
어찌 몰라서야 되겠는가

혼자 하는 말

조금씩 약해지고 변해가는 모습에서
잠깐 살다 가는 것 같습니다

나이 드는 게 슬프기도
깨닫는 것도 있으니 고맙기도 합니다

자신을 돌아보니
지금껏 다른 사람의 허물만 보고 살아 온 듯합니다

비우고 살아가려
사는 게 만만치 않아
생각에 사로잡혀 하루를 다 보내고

자고나면
다시 시작하며
일어서는 연습을 혼자 중얼거립니다

회 한

이름 모를 바람의 노래인가
부서져 버린 삶의 나락인가

지난날
화려했던 무대는 어디로 가고
떠도는 유랑극단 되었나

한 사람을 그리워하며
기다리고 애태웠던 시간들도
의미 없이 버려 질 휴지조각인 것을

때늦은 아픔의 노래도
연기 속의 한조각 그림자 되어
구름 따라 유랑의 강물이 된다

그리움이 묻어나는

작은 멍울 가슴에 안고
허공을 붙잡았던
지난 시간들

대답 없는 메아리 찾아
아련한 기억을 더듬어
사진 속을 헤맨다

오지 않을 이름을 부르며
창가에 서서 귀를 열고
먼 그곳에
그대의 오후를 생각한다

이제는
불러 볼 수도
지워버릴 수도 없는데

자꾸만 뒤 돌아보며
사랑의 굴레에 맴돌고 있다

짱뚱어

바다가 지천인데
하필 얕은 뻘밭에서 팔딱거린 너

굽지고 모난 길 휘돌아
이리 튈까 저리 튈까 눈만 반짝인다

반질반질한 검은 뻘 쑤석이며
한나절 푸짐한 햇살 벗 삼아

껌뻑 껌뻑 뒤뚱뒤뚱
커다란 머리와 볼록 튄 주둥이
눈까지 튀어나와
그 이름 짱뚱어라니

벌름벌름 헐떡헐떡 살판났다

몽돌

가슴에 품은 마음
남쪽에 가닿는 고향 바다 닮아

휩쓸리던 새벽 바다에
닳고 닳아 몽돌 되어

뾰족하게 날을 세상이
더러는 둥글다

흑룡의 氣

여의주 물고 온
비상의 날개 펴는 주인이 되고
비바람 풍파 속 기운도 발생하여
우주의 흐름 따라 큰 뜻 펼치는 임진년 되리라

임이란 뜻은 물이요
흑색이며
상상의 용은 진을 의미하여
용소 용담 용어를 만들어
용신이 잠이 들면 가뭄이 온다네

흑룡의 해

물을 만나 승천하듯
이치 따라 흘러 흘러서
슬기로운 웅비의 해가 되리라

마음에 담긴 좋은 친구들

좋은 친구를 알게 되었다는 것은

기분 좋은 일입니다

동갑내기 친구들이기에

이런 저런 이야기 나누면서

내 얼굴을 바라봅니다

창에서 보이다가 어느 하루 안보일 때면

어디 아플까

주는 것 없어도

받는 것 없다 할지라도

무엇하고 있을까

친구들 사진을 보며

한 사람 한 사람 이름을 더듬는다

한 모금 그리움에

창문 두드리는
문풍지 장단 맞춰
내 쉬는 한숨에
밤의 무게는 깊어 간다

긴긴 밤
적막한 어둠의 열기
동 트는 새벽 밀어 내며
마음이 아직 젖는다

반복되는 일상으로
떠난 사람의 선물 같은
달빛을 안고 신발을 신는다

정情

저의 눈물 가득 그대가 있음을
알게 되었지요.

비록, 유리알 같은 마음의 창을 열지 못하여
지금도 이렇게 먼 먼발치에서

그대를 바라보며
언젠가는 당신도 알게 되겠지요

보내는 것보다
정을 떼기가 무서워
떠나는 그리움이 되겠지요

가로등

불빛 하나 둘 잠들기 시작 할 무렵
작은 별은 별이 되고파
숨쉬기를 한다.

무거워 보이는 시침은
제각기 재갈거리고
일기장 한구석에는
못 다한 사연들이 침을 삼킨다

아직
하나 둘 추억의 아지랑이가 쌓여 가는데
자꾸만 흐려지는 공간사이로
잠을 청하는 저녁이 실타래를 감는다

지금도 고향에 가면

부러진 굴뚝에서 하얀 연기
함석지붕 힘겨운 듯 겨우 버티는
네 개 기둥은 비스듬히 산을 향하고
엎드려 용서 비는 오솔길
몇 갈래 바람과 서로 만나는 것을
세월 모르는 고향 길
이리도 적막하게 뚫려 있는가

달빛 술렁이는 집
문풍지 안에서
길 잃고 하늘에 지금도 걸쳐 있구나
바람에 나뭇잎 음표들이 옹알거리며
새들은 풀씨 물어 날아들고
나뭇가지들이 눈썹 처마에 떨어질 때
먼 산들 걸어와 가깝구나
어릴 적 뛰놀던 뒷동산은
누구의 곁으로 다가오는가

바람은 물기를 머금고
부푼 처마 밭에 잡풀들
녹슨 호미가 김매다 눕고
문고리에 걸린 흔적들은
낮잠에서 깨어난 철새들이
계곡을 물어 나르는
지금도 고향에 가는가

삶은 詩다

인생은

삶이고 사랑이며

멋 따라 맛 따라 오가는

맛있게 써 내린

한 편의 아름다운 詩다

때가 되면

꽃도 잎새도

천둥소리에 놀라고

장대 빗방울 얻어맞고도

지금은

뜨거운 햇살 견디며

움쩍하지 않습니다

때가 되면

제 할 일 다 하고는

미련 없이 떨구어 나가겠지요

단풍잎

봄여름 가슴앓이 하다가
결국 외로움 견디지 못하고
속내 드러내는 단풍나무

이 가을에
무슨 사연이 그리 많을까

후끈후끈 달아오르다
벌겋게 타 오르는 가슴
나무도 그런 심정일까

나무가 나무를 바라보며
오직 한명을 위해
수줍은 짝사랑에 붉게 물든
내 마음을 닮은 것일까

행복의 자락

편안한 당신을 만나
참 행복합니다

너그럽고 따뜻한
온기를 품어
사랑의 느낌을 물씬 풍겨 주는 당신

이제는
영원한 인연이 된 것 같습니다

넓은 하늘 속에 담긴
당신을 떠올릴 때면
나도 모르게 행복해 지지요

내 방황의 끝에서
당신을 만날 수밖에 없는

가슴 깊이 다가오는 당신
그 마음에 기대어
내게는 당신의 향기로 가득합니다

무뚝뚝하면서도
언제나 든든한

그 모습에 내 마음 걸어 둡니다

당신을 만나서 참 행복합니다
당신은 내 남편입니다

비운다는 것

비가 내렸다
다만 비가 내렸을 뿐인데
하늘은 너무도 청명하다
훤히 보이는 앞동산에
시간은 흘러 있었다
이젠
삶도 사랑도
버거운 육신을 지탱하고 있는
바보 같은 삶이 밉다
놓고 가야하는데
비워야하는데
알면서 비우지 못하는 건
이룬 것이 없단다
놓으면 無인 것을
참지 못 할
제 자리 걸음은
또 다시 채울 준비를 한다

구름은 시간을 묻지 않는다

세월의 무게는
세차게 부는 바람에
어김없이 가슴으로 젖어든다

온 몸으로 부대끼며
살아온 기억들은
희미한 흑백 필름으로 한 장씩 넘어 간다

수없이 부서지고 넘어지며 걸어온 길
앞으로 더 걸어가야 할
동산에 무지개가 뜨리라

거리를 타고 흘렀던
젊음의 함성도
어둠의 그림자도
이제와 강물로 흐르는데

마음의 문을 열어
편지를 쓰고 싶다

해변의 꽃

청초한 나뭇잎 수줍음 가리우고
비릿한 갯바람 감겨 피운 붉게 핀 해당화
싱그러운 그대 얼굴 곱고 아름답다

해맑은 그리움에 쌓은 정 되새기며
달그림자 숲길 따라 임 마중 가는 순정
은하에 숨어있는 그대 이름 나직히 불러본다

박꽃같이 하얀 마음 까맣게 타들어 가도록
모진 풍파 이겨 낸 당찬 마음 버리고
농익은 사랑의 그리움은 임 찾아 나선다

종달이 하늘 나는 부푼 가슴 안고
애련한 사랑의 추억 온 몸 휘감아도
눈물마저 마른 달맞이꽃 사랑으로 애닳다

욱어진 숲길에서 주고받은 수많은 사랑
이젠 그리움의 병 되어 내 마음 깊이 맺혀
천년같이 긴 하루 밤을 가슴앓이로 지새운다

*오행시– 청해 박 종 욱

그대 그리운 날에

그토록 좋아하고 보고파 했던 마음
무참히도 짓밟고 지나
점점 멀어지는 뒷모습 바라보며
퇴색되어 엷어진 상흔에
지난날을 회상 해 봅니다

햇살 가득하던 가을날
그리움 실어 찾아 온 바람은
꽃잎을 떨구어 눈물로 맺히고
벌떡이는 심장 박동 수 맞춰
온 몸을 파고듭니다

가슴 가득했던 지난날
깊숙히 묻어둔 사연들
잔잔한 강물로 흘러내려
잃어버린 세월 더듬어
희미한 그대 이름 불러 봅니다

미우나 고우나

벌새의 작은 주둥이로
꿀을 채우듯 그렇게 사랑을 채우라고
당신은 그러시겠지요.

잎사귀 사귀와 춤을 추듯
걸음걸음이
그대의 자국 자국이 되는 날까지

그날, 비록 먼 훗날 알 때라 하여도
멀게만 보이는 당신이
항상 제 가슴에 머무는 것을 알겠지요

왜 사느냐고 묻거든

젊었을 땐 왜 사느냐고 물으면
내 어머니 이 한 몸 나으셨으니
꽃잎처럼 피고 지는 순리라고
형이하학적인 답에 그쳤습니다

요즘엔 왜 사느냐고 물으면
세상 어느 한 구석에 날 필요로 한
무수한 꿈이 있다기에
우문우답에 잠시 머물러 있습니다

훗날 왜 사느냐고 물으면
내 삶의 주인 되어
빚 갚기 위해 산다는
형이상학적인 설파를 하고 싶습니다

내 비록 짧은 삶이나마
아름다웠고 가치 있었노라고
무덤에 핀 이름 없는 꽃이 전해줄지
풀지 않는 한 미지수입니다

휠체어

수많은 시선을 뒤로 한 채
소리 없이 사라지는 발걸음
먹구름 같은 어두운 마음에
천근 몸 이끌며 혼자 기다린다

허공 향해 멍 하니 앉아
몸부림치는 세 뼘 남짓 공간에서
솟구치는 울부짖음
그대는 아는가
바람에 실려 보낸 말 없는 절규를

빈자리에 덩그러니 지워진 발자국
희미하게 남긴 두 선
오직 몸을 실은 두 바퀴는
무심한 세상에 한을 안고
세상 밖으로 소리 없이 사라져간다

6월 장미

내 마음에 곱게 스민 그대

6월 장미

열정의 사랑 주려는 듯

오색종이로 날아들어

짙게 물들인다

깊은 잠 깨어나

햇볕 위를 두드려

담벼락에 다다르고야

불같은 열정 꽃잎으로 펼치는 너

바로 너…

먹구름

어찌 유리알처럼 맑은 날 만 있겠습니까?

비 개인 저 하늘처럼 푸르기 만 하다면 얼마나 좋을까요?

순식간에 변해버린 저 하늘처럼,

아무리 좋아도

언제 깨질지 모르는 우리들 사이처럼

주고받지 못하는 것들에 대한

반성이 있는 시간입니다.

있는 그대로를 따뜻하게 맞아

아쉬움과 후회 없는

두려워하지 않는 삶을

하루하루 곱게 쌓아가고 싶습니다.

때론 맑음으로

때론 흐림으로

때론 저 아름다운 노을빛으로

물드는 삶을 진정 사랑하고 싶습니다.

갯바람 소리

수많은 추억들을
버리고 가는 여름 바다
우리네 인생도
이 계절처럼
한 순간이라는 것을

이글거리는 태양은
비릿한 갯바람 타고
하얀 파도에 떠밀려
까맣게 잊어버린
햇살의 안타까운 눈빛 속에 녹아든

짧은 여름과
그보다 더 짧은 생을 사는
작아지는 매미의 울음소리
가냘프게 임 부르는
애련의 맺힘인가

허공

외로운 이 밤에
애써 잡아보려는 허공의 사랑
마지막 처절한 발버둥에
현실의 벽은 너무 가혹 해

이제 서서히 가면을 벗고
뽀얀 속살로 마주하고 싶어도
어절 수 없는 그대와 나
애타는 보고픔만 더 할 뿐

늘 간절한 그리움에도
우리 현실은 끝이 보이는
허망한 그림자로
멀리 있는 나의 애달픈 사랑이기에

어이할거나
외로운 이 밤에
얼마큼 더 울며 지새워야
이 외로움 끝 길 있으려나

3부

숨겨진 그대를 느낍니다

내 마음

내 마음처럼
네가 그리워 보고 싶다고
말 하고 싶다

내 마음처럼
네 이름 부르며
너에게 달려가고 싶다

내 마음처럼
네 곁에 머물러
영원히 사랑하며 살고 싶었다

운명

작은 돌맹이에도

자기 마음이 있듯이

내 가슴 속에 묻었던 너

늘 나와 함께

한세상 살아가면서

아픈 가슴 다해

운명으로 받아 드리련다

단풍잎 사랑

낙엽 쌓인 산허리를 걷다가

결국 눈물 한 방울 떨어뜨렸다

눈물인지 이슬인지

애끓어 적셔놓은 핏빛 그리움

사무친 마음 치유할 수 있는

가슴 깊숙이 박힌 이름 새겨

흐르는 계곡 물에 띄어 소원을 빈다

새벽하늘

어둠 가르는 새벽

차가운 볼 비비며

불어오는 바람을 맞는 게 상큼하다

꿈속에서 본 너의 얼굴

무척이나 반갑더니

동트는 하늘 환하게

너의 모습으로 가득하다

장미빛 꽃 마음 하나가

매일 너에게 달려 가

가슴 속 파고들어도

어김없는 그리움으로

너를 찾는다

너와 내가

너와 내가

깊어가는 이 밤

반짝이는 밤하늘의 별이 되어

아름다운 은하계가 될 줄 미처 몰랐다

날마다 그리움으로 새겨진

영롱한 별 만들어

너와 내 가슴에 흩뿌리는

그리운 별이 될 줄 미처 몰랐다

흘러가는 구름

풀벌레 울음소리에 놀란 달

그대로 그림자로 떠 있습니다

밤새도록 맨발로 헤매며 찾던 바람

지금은 누구의 가슴 열고

갈대로 흔들리고 있는지요

종일 그대 그리운 햇살로 말라 가는 낙엽

잠 못 든 그리움 안고

단풍 든 나무 곁을 떠도는 그대

구름은 세월 안고 흘러갑니다

어디론가 사라지는 구름 같은 그대

오늘도 내 가슴 위로

서늘하게 흘러 갑니다

아름다운 인연

하늘아래 그대와 함께 숨 쉬고
머무는 세상에
날마다 추억 한줌 만들 수 있음도
즐겁고 행복하다

욕심 부려 무엇하리오

미우면 미운 대로
슬프면 슬픈 대로
맺은 인연 소중히 여기며

살 일이다

성급한 걸음으로
앞서 갈일 있으리오

어깨를 나란히
보폭 맞춰 갈 일이다

아무리 주어도

늘 부족한 사랑
더 깊이
사랑하는 법을 배울 일이다

정답 없는 사랑
규칙 없는 사랑이라지만
만남은 소중하며
인연은 아름다워야 한다.

인간은
홀로 존재 할 수 없기에
젖은 어깨 감싸주고 낡은 마음 헹궈내
인연 따라 함께 걸어가야 한다.

시인의 소망

사랑을 하면

시인이 됩니다

시집을 만 권 이상 읽으면

시인이 된다했는데

진정한 시인이 되려면

시를 사랑하고 시와 함께하며

한 걸음씩 시의 뒤를 따라가면 된다했는데

하늘 닮은 시어와

하늘 닮은 사랑을

그런 시인이 되고 싶다

울어 본 사람은 알리라

구름이 많이 모여
견딜만한 힘이 없을 때
비가 내린다

슬픔이 쌓여
견디기 힘들 때
눈물이 흐른다

울어 본 사람은 알리라
슬픔이 얼마나 무거운 것인가를

눈물로 덜어내지 않으면
제 몸 하나 가누지 못하는 것을…

허망한 추억

운명처럼 다가 온 것이
저 멀리 떠났건 만

좋아했던 기억은
깊은 상처로 가슴에 남아
아직도 머물러있다

바람 같은 구름이여
구름 같은 바람이여

지난 시간
그대는 진정한 사랑을 했는지
다가올 수 없는
그림자 하나가 있다

목련화

긴 겨울 기다림 보내고
소복을 입었나

무색의 순수함으로 다소곳이 피어 나
은빛 닮은 순백의 미소로

고고한 얼굴에
물감이 들어

지난날
젖은 그리움으로
얼마나 긴 고통이 있었으랴

이런 꽃 한 송이 피우고 싶다

몰랐습니다

그대를 기억하는 것보다

그대를 잊는 것이

이렇게 힘든 줄 몰랐습니다

멀리 서있는 그대를

사랑하는 것보다

미워하는 것이 훨씬 더

힘든 줄 몰랐습니다

당신 곁에 있는 것보다

당신을 보내야하는 것이

이토록 아프고 힘든 줄 몰랐습니다

사슬에 걸린

꽃잎은 떨어지고
풀잎이 눕는다
잠시 기쁨이었다가
아픔 되어 상처로 돌아온다

잠 못 이루던 밤
얼마나 눈물이 아팠을까

사슬에 걸린 인연은
심장을 지나
뼈 속을 걸으며

들꽃 한 송이
봄비에 옷이 젖는다

서로 마음을 열고

우리는 모두가 바람처럼
왔다가 지는
꽃잎과 같이
길 떠나는 나그네입니다

서로가 서로의 이름을 불러
서로에게 생각을 열어 마음을 전하는
마음이 따뜻한 사람들입니다

이름을 부른다

낯 설은 보고픔
익숙한 일상의 반복
어디선가 들려오는 너의 목소리

가슴속으로 몇 번이고 되새기는 말
미안해! 미안해!
비가 와 어두운 밤하늘
나와는 어울리지 않는 고독

이제는
너의 이름을 잊으련다

새벽달

밤새 지친 몸 이끌어
어둠 속 헤매는 그리움에 걸려
저산 허리 서성이며 넘지 못한 아픔으로
애처롭게 기다리는 하얀 설움 삼키며
창백한 나뭇가지에 앉아있다

지난밤
까맣게 긴긴밤 그대 품어 동숙하며
천천한 속도로 그림자 뒤에 숨어
반짝이는 은비늘에 내일을 기약하고
또 다른 여명을 잉태한다

불면의 밤
홀로 남은 새벽달 울음소리
주체할 수 없는
이슬방울만 따 담는다

눈부신 영혼에 눈을 떠
시리게 박혀있는 근심어린 눈빛
사위어 가는 별빛 따라
허기진 문을 여는 창백한 얼굴일까

오월의 꿈

사월이 떠난 자리

빈 가지에 꽃 피운

햇살 가득 숲을 이루며

청 보리밭에는 꿈이 영글어 간다

어느 눈부신 날

푸름으로 다가와

화목한 가정의

어른의 아이가 되어가고

갓 나온 노랑병아리도

마당에서 풀을 뜯는다

숨겨진 그대를 느낍니다

밤새워 뿌린 눈물에
숨겨진 그대를 느낍니다

아직 못다 한 오월의 시 한 구절
산자락 넘어 넘는데

애태우며 서성거린 창백한 가슴이
그리움만 삼킵니다

새벽달
눈빛으로
주고받은
터질듯 한 긴 신음 토해내며
보고 싶어 그물코에 걸립니다

먼데서 닭이 울어
숨결 고르며
달려 올 것 같아
저녁노을에 발걸음이 젖었습니다

한 모금 그리움에

창문 두드리는 찬바람
문풍지 장단 맞춰
내 쉬는 한숨
한 모금 외로움에
밤의 무게는 깊어 간다

동지섣달 긴긴 밤
선 잠 깨우는 적막한 어둠의 열기
동 트는 새벽 밀어 내
녹아 들 햇살
아직 젖어든 그대로다

지루한 나날
반복되는 일상의 허전함
떠난 사람의 선물 같은
한 모금 전율로 남아
또 다른 내일로 미룰 수 있다

험난한 삶이 거름이 되어

기쁨은 언제나 잠시 뿐

돌아서면 험난하게 굽이쳐진 고단한 길

주체할 수 없는 막막한 울적함

세상의 구석에 밀려난 느낌으로

한낱 가랑잎 팔랑거리는

그런 때일수록 더 소망하며

화사한 꽃밭 일구어 낼

삶이 거름 되어

알찬 열매 맺을 수만 있다면

꽃이 아니라고

당장 슬퍼할 이유가 없지 않은가

정지선

지나온 어릴 적 꿈은
지금의 모습이 아니었으리라
세월의 흔적에 묻어져버린 동심 자락
순수함을 말하기엔
너무 많이 알아버린 초로의 심안心眼

나이 들어 더욱 멈추고 싶은 순간들
잡다한 일상 잠시 뒤로 하고
아주 잠깐이라도 정지선에 머물고 싶다

오늘 저물어 가는 저 햇살이
내일 떠오르는 햇살에
비할 수 없이 소중하지만
무심한 해는 저물어 간다

돌아보면 아름다웠던
어제가 있었기에
어제와 오늘이 그리고 내일이
함께 한다는 것을
다시 주머니 속에 구름을 담는다

등 뒤에서

한 치 앞도 모른
가슴 저미며
만남과 헤어짐의 교차 속에
바람 하나 점찍어
저만치 멀어져 가는 길

그리움 안으며
울지도 아파하지도 말아라
바람 따라 흐른들
구름 따라 흐른들
하늘을 나는 새가 어떤가

허름한 삶의 끝자락
제아무리 숨겨본들
세월의 등 뒤에 있지 않은가

훗날
떨어지는 낙조를 미소로 보듬어
넉넉하게 관조해 가는
이별의 노래 부르면 좋은 것 아닌가

마지막 길 떠나며
환한 눈빛으로

다시 긴 이별의 여정을 위하여
두 눈을 감을 수 있다면
그게 더 마땅하지 않은가

새벽안개

풀벌레 울음 자욱한 숲 속
모든 걸 삼켜버려
아무것도 들리지 않는다

숲도
나무도
길도
흔적 없이 사라진
죽은 자리 아픈 터에는
아파트란 이름으로
버텨보는 거대한 괴물
흐물흐물 그 위용을 잃어 가는데
외로이 서 있는
불빛만이 홀로 맞서다 그 마저도 덮어버린다

안개가 세상을 삼키는 동안
새벽에 홀로 선 여인이
심안의 안개와 마주하고 있다

내 안의 나

내안의 나를
비추어 보고 싶을 때가 있다
깨끗한 거울 아닌
넘실대는 내 모습을 비추고 싶다

내 모습이 아닌
내 안을 생각하며

내 모든 것을 떠 올려 볼 수 있는
거울 같은 우물에 비쳐보고 싶다

수많은 달과 구름 헤아리며
나를 그려보고 싶다

내 안의 나를 비쳐보고 싶다

불필요한 의미

액자 하나가 떨어져

그림자를 남겼다

사람은 둘이었건만

그림자는 하나였다

굳이 의미를 부여해 보지만

아무런 의미가 없다

빛바랜 빈 벽이

쉬이 사라질 의미인데

함께했던 사랑의 의미

간직할 것이 있겠습니까

아무 일도 없었던 것처럼

봄기운 물씬 스며들어

겨울을 남기고 왔다

마주치는 바람 속

잠시 머물며 스치는

계절의 만남을 보았다

모든 게 차분하고

조용하고

잔잔한 바다처럼

물결 따라 흐르는 강물처럼

평온한 오늘이다

아무런 변함없이

오늘처럼

어제처럼

예전처럼

변함없는 좋은 날들이기를 바래본다

우리는 함께

가끔 이런 생각을 해볼 때가 있습니다

이 지구상에 발 딛고 살아가는 사람

그 어느 누구도 나와 무관한 사람이 아니라는…

인간은 근본적으로 서로 어깨를 기대고

체온을 나누며 살아야하는 존재인가 봅니다

사람의 손이 따스한 체온으로 나누며

깍지를 끼고 살아가라고

다섯 손가락으로 이루어져 있듯이

인연이라는 생각을 할 때면

참으로 많은 에너지가 얻어진다

그 어딘가에

그대 기억 속 그 어딘가에
그대 마음 깊은 곳 어느 한 자락에
내 마음 깊은 곳 어느 한 자락에
은하수 곱게 흐르면 만족하려네.

밤에도 해가 뜨고
낮에도 달이 뜨는
동네를 만들어 두었으니 만족하려네.

먼 후일 내가 이순의 잠을 지나던
시절을 그리워하며
말할 수 있겠으니 만족하려네.

그대 설레임으로 다가와
그대 그리움으로 다가와
언제고 웃으며 회상할 수 있으니 만족하려네.

그대는 내게 아름다운 사람이었고
내가 그대에게 아름다운 사람이었다면
나 그대에게 이제는 말하려 하네.

나의 웃음

오뚜기처럼
넘어지면 일어나고
항상 웃으며 살지만

그런 견딤도 때로는
너무 허무해서
털석 주저앉는다

사람들은
함박꽃처럼 환하게 웃는
내 모습이 좋다고 한다

웃다가
찌그러진 얼굴이 되기도 하지만
그래도
그래도

견디어 내야만 하기에
오늘도 웃어야 한다

내 모습

내 모습은
밝은 모습일까
어두운 모습일까

마음을 비우고 살았다면
밝은 모습일 테고
욕심을 부리고 살았다면
어두운 모습이겠지

사람들이 보는 내 모습은
미소 짓는 얼굴일까
찡 그린 얼굴일까

마음 곱게 살았다면
웃는 얼굴일 테고
마음 밉게 살았다면
우는 얼굴이겠지

사람들이 보는 내 모습은
품위 있어 보일까
품위 없어 보일까

그렇게 살았다면

이 모습 일 테고
또 저렇게도 살았기에
이 모습일까

커피 한잔의 언어

지나간 삶의 그리움과

다가 올 삶의 기대 속에

우리는 늘 아쉬움이 있다

소박한 마음으로 살아가고

작은일 속에서도 보람을 느끼는

삶이 좋다

항상 무언가에 묶여

풀려고 애쓰는 우리들

잠깐이라도 희망의 연을

날릴 수 있다면

세상은 좀 더 따듯 해 지지 않을까

가진 것 하나 없는 빈손일지라도

감싸고 돌아가는 모든 것에 여유를 찾는

커피한잔의 언어로

시간을 따고 싶다

강변에 서면

낙엽이 안으로

이별의 눈물을 태우듯이

마주했던 사람들과

흔적처럼 소리 없이 지우라 하지만

추억의 풍경은 너무나 아름다웠고

기억할 수 있는 하늘이 있기에

잠기는 순간들이 베어들어

갈대가 되었다가

들풀이 되었다가

단풍이 되었다가

오늘도 강변의 카멜레온이 된다

4부

해남으로 가는 길

해남 배추

갯바람 배어 든 햇볕 좋은 들녁
흰구름 잠시 쉬어가는 밭고랑
어머니 손 끝에서 자란 배춧잎들
누구의 밥상에서 정을 나눌까

기름진 황토 땅 품에 안긴
노란 속 잎 꽉 찬 배추 밭
꿈의 바다 벗 삼아
오늘도 땅끝을 지키며 살고 싶어라

늦가을 바닷가

먼 바다를 가르고 불어 온 찬바람 한자락
황량하게 펼쳐진 백사장 껴안고
사박사박 밟히는 그리움 더듬어
시큰 둥 넘어 간 계절을 밟아 본다
듬성한 갯바위 사이로
너울너울 세월에 실린
추억담은 시린 포말
가슴 깊이 곳까지 저려온다
허허로운 일상
모두가 떠난 한적한 늦가을 바닷가
겨울채비에 바쁜 길모퉁이에서
그리 길지 않는 시간
조연 아닌 주연으로 그물을 꿰매
마지막 환하게 웃을 수 있는 大魚를 꿈꾸며
새삼 다짐하는 인생 2막장
삶의 무대를 연출하며 가을은 깊어만 간다

뻘밭에서

해 저문 바닷가
떼거리로 몰려나온 농게들
물 빠진 개펄 가득 매운 노을을 비벼 먹고
두 눈을 쑥 뽑아 올린 안테나처럼
거슬린 물길 아득히 회유하는
물컹한 시간의 뼈마디에
쉴 틈 없이 주파수를 맞추고
손톱보다도 작은 숟가락질로 분주히
걸신들린 갑각의 군단들
부서질 듯 무너질 듯
게걸스럽게 도래하는 일몰의 순간
기억의 매몰이라 명명하며
훌훌 벗어 던진 탈피의 흔적들
어느 날 다시 껴입을 수 있을까
기력을 다한 습한 바람만이
한사코 흐릿한 수평선을 지우고
어디선가 잉태된 또 하나의 지독한 통증
숙명처럼 휘어진 나의 무릎 연골을 관통한다

땡감나무 한 그루

달마산 너머
파란 마늘 밭 귀퉁이 한자락
툭툭 풋감 떨어지는 소리마저
볼품없는 땡감나무 한 그루

강진만 센바람
우슬재 넘나들어
목숨 같은 땅 한 뙈기
감잎 그늘에 내주고

도솔암 고개 돌아
숨죽인 작은 생명
땅 끝에 솟아 오른
떫디떫은 입맛에 쉬어간다

일지암

두륜산 대흥사 거쳐
일지암에 닿으면
초의선사가 차 한 잔 내어 준다
그윽한 차 향기 입안에 맴돌다
따스하게 마음 녹여
인생의 구름 한 점
가슴 위에 띄운다

노란 연한 싹
솥에서 데쳐내어
그늘에서 말려 끓인 차
찻잔 그윽하게 떠도는 향기
초의선사 마음으로 날아들어
인생살이가 다 녹아 있는
오미五味의 삶을 맛본다

따스한 차 손 안 가득 감싸며
더없이 포근해지는 겨울
마음 가다듬는 한 해의 끄트머리
초의선사 보이지 않아도
일지암에 마음 풀고 가면
청정한 차 향기 가슴을 물들인다

고향의 빈 집

무너져 내린 흙 담 울타리 너머
이끼 낀 낡은 초가지붕 위
겁 없이 짐 부린 영육을 떠나가듯
불린 배를 내미는 둥근 박
주인 잃은 설움에 고개를 내민다

낙숫물 검게 절은 처마 아래
다 낡은 문틈으로 적막을 못질하여
녹 슨 농구들이 고철로 걸려있고
가물거린 외양간 황소울음 소리에
버려진 낙과 되어 문지방에 걸려있다

고천암 가창오리 떼

영산강 유역 고천암
눈발 바람 따라 흩날리는
솜털 가득 안은 갈대 숲
겨울 나려고
시베리아 먼 길 찾아 온
가창오리 떼들의 군무
바다 가득 피운 　이다

갈꽃 은빛으로 일렁이는
기나 긴 방조제 넘어
서쪽바다로 떨어지는
곱디고운 오랜지색 여명
그 빛 가득 담은 잔잔한 물결 위
해남 땅이 좋아
해남이 아름다워
해마다 이리도 정답게 모여
일몰과 일출 구경 오는 것일까
어둠이 찾아들면 싸르락거리는
갈대 소리 들으며
머나먼 길 찾아오는 것일까

명량대첩

돌격의 북소리 우렁차게 들린다
발포하라
님의 호령 지금도 쟁쟁하다
나라위해 바친 님의 붉은 피
번뜩이며 피어난
칼의 불꽃

거센 회오리 바다 물살 가르며
13척 배로 132척을 무찔러
왜적의 피로 물든 울돌목 깊은 곳
수장 된 수천 왜구의 영혼이 침몰한다

선단에 떠있던 붉은 포말
님의 넋이 되어
400년 세월 건너 온 울돌목
결코 그날의 피꽃이 다시 피었다

달마산 오르며

육지 최남단
남쪽 땅 끝 마을 향해
그리움 품어낸다

황톳길 마을 따라
지붕에 뻗은 마른 덩굴
새파란 마늘 밭이 신선하고
소나무 그림자 사이로
억새가 앉아 손짓한다

무채색 바위 등에
세찬 바람이 날아와 앉은
봉화대 낙타 닮은 돌탑은
깊은 사연 아직도 못다 풀어
입을 굳게 다물고 있을까

달마산 정상에 서면
땅 끝에서 지는 해가
바다의 살 속에 안긴다

땅 끝 마을

듬성듬성 섬들 사이

한반도를 휘돌아

한자리에 모여 앉은

해남 송호리 갈두마을

우리 땅 끝 마을

사자봉 정상 봉화대 아래

바람 앞에 서 있는 토말비

백두대간 힘찬 숨을 길게 내쉬며

더는 발 디딜 곳 없어

다도해 절경 눈 끝에 걸리고

보길도 가는 환한 뱃길에

새벽별이 쏟아진다

들길에 날던 방아깨비

고향의 들길은 모두 바람이다
가난한 이웃들의
가슴에 그리운 꼭짓점이 닿는 곳
끝없는 길 아는가

바람에 실려 가는 너울 끝에
고향 마을이 타고
그림자 하나가 뛰어 놀던 고샅길

풀잎이 초록 날 세우고
마디마디 꽃피운 들판에서
두 다리 잡혀
방아를 찧던 방아깨비 생각에

이제와
바람 부는 길 끝에 서면
내 주름살이 앞서 목발을 짚는다

내 고향 남쪽바다

고향 하늘 닮은 그리운 쪽빛 바다
은모래가 출렁이는 그 곳
퍼내도 퍼내어도 줄지 않는
동심의 여유로움에 물씬 빠져들어
수채화 물결처럼 출렁이며
지금도 그리움으로 흐르고 있다

청 비단 수 만 필 깔아
젖내 나는 고향의 냄새로
가냘픈 목 추기며
추억으로 떠도는 그리움이여
세월 따라 흩어진 내 고향
구름으로 하늘높이 떠돌아
영영 쪽빛 바다 속으로 묻히리라

가슴속에 베인 마음의 향수
바닷가 모래알처럼 한 알 두알 모아져
눈부셨던 지난 흔적들로
큰 백사장 이루었으니
이제 그 바닷빛 닮은
세월의 쪽빛 바다에 누어 영원하리라

산이동 초등학교 시절

플라타나스 울타리 그늘
호랑가시나무에 붉은 열매
시린 겨울 동백이 만개할 때면
여린 꿈들이 여물어 가던 학교
떠나버린 세월 뒤에 앉아 있다
깨복 친구 방죽에서 멱감고
가을 오면 공부 보다
집안 일 더했던 어린 시절
동산에 앉아 보태기 빼기 배우며
초가삼간 그려 마음에 색칠하고
운동장에서 뛰놀던 고무줄놀이
잊혔던 흔적들만 구름으로 흐른다

강냉이 가루 배급으로 받아
배를 채우기에는 늘 모자랐던 시절
이젠 배움터마저 없어지고
굳게 잠긴 철 대문에 잡초만 무성하네
어릴 적 친구들 흰서리에 감겨있는데
추억으로 떠도는 그리운 동심이여라

해남 찬가

조용하고 외진 한반도 맨 끄트머리
풍광이 살아 있는 우리 땅의 끝 내 고향 해남
땅과 바다의 문이 활짝 열어
아름다운 운율 파도로 굽이쳐
남도의 꿈이 넘실거린다

남도의 명산 두륜산 가슴에 안은
명찰名刹인 대흥사 주변
기암괴석에 업힌 벼랑들
땅의 끝에서 빚어낸 마을 포구
넉넉하게 찾는 이들 마음 설레게 한다

윤선도 은거했던 녹우당
나물 먹고 물 마시며
풍류를 노래하는 소박한 삶
어부사시사가 읊조려지고

대흥사 거슬러 일지암에 가면
초의대사가 내어주는 마음 씻어주는 차 향기
푸짐하고 인심좋은 해남 사람들
넉넉한 마음 소중한 해남 사랑
내일의 꿈이 넘쳐 흐른다

진산리 청자 가마터*

새들이 가슴 열고 날아
고향의 나뭇잎이 박히고
꽃도 박히며
물고기도 박힌다

진산리 벼랑타고
새들이 날아간 후
청자 빛 어리는 그 곳을 따라서
골짜기 흐르는 물소리
물고기 등지느러미 위에 닿는 고요

세월을 건너가던 매화꽃
진산리 물레에서 형상을 빚는다
불가마 떠나도
밑 둥 굵어진 항아리 한 점
깨어진 조각에 나뭇잎이 그득하다

비취색 꽃대를 피워 올리고
속 깊은 새
하얀 꽃잎 떨어뜨려
푸른 바람에 마음을 넘겨준다

*해남군 산이면 진산리 소재

공룡화석

땅 끝에
공룡이 떼 지어
걸어가는 구름소리
아직도 흔적 속에 발목이 젖는다

해안에 깔린 바위를 오르며
그때도 파도는 몸을 씻고 건넜을까

발자국이 각인된 시간을 안고
오늘도 바다는
뭍을 밟고 세월을 건너가고 있다

해남으로 가는 길

기차 타고 목포에서 내려
다시 조양호 배를 타고 1시간
낯익은 그리움의 길을 찾아 간다
동살매 잔등 안산에 들어서면
까치 몇 마리 반갑다 우짖는데
마음 내려놓고 흩어지는 바람도 정답다

보리밭에 꼬리치던 강아지
아이들 날리던 감나무 위에 걸린 꼬리연
하늘을 아직도 맴돌지만
어린 시절 추억의 끈 끊어진 길
바람도 아주 포근하다

이 세상 가장 그리운 어머니 찾아
먼 길 달려오지만
양지바른 산골짜기에 잠이 드신 채
허공에 떠돌며
외롭다 내 마음 눈물 맺힌다

| 拔文 |

바람의 돛이 되는 그 사상思想의 판타지아fantasia

– 박종욱 시집 『구름은 시간을 묻지 않는다』를 중심으로 –

안 익 수 (시인, 한국문인협회편집위원)

박종욱 시인의 시적 언어는 까다롭지 않아 편안하다. 옷을 들추지 않아도 속살이 비치며 향기롭다. 그의 심상은 마당에 수북이 쌓인 달빛을 쓸어내며 아침과 밥상을 차린다. 사상의 편견과 아집을 뒤로하며 보편적 일상의 언어로 인간과의 수평적 다리를 놓고 있다. 삶의 모순된 권위와 오만을 냉정히 비껴가고 있다. 그의 시.공간적 수확은 시간의 밀물과 썰물이 바람과 햇볕을 먹고 소금꽃을 피워낸 소금의 언어다.

시는 분석하려 들면 난감하다. 감상으로 공명하면 충분한 것이다.

또한 시는 호기심의 흥미로움이 마음으로부터 완결의 우표를 붙일 때 비로소 세상의 노래로 배달되는 것이다.

그럼 시의 언어로 파종한 꽃밭의 빗장을 열어 보자.

삶의 이치는
누가 가르쳐주지 않는
나만의 화원

초록비가 지나는
꿈의 길섶엔 언제나
내 그림자 탓에
위로할 수 있었다

가여운 운치가 사뭇
가을 깊어가는 소리되어
이름 모를 비수라도
틀어놓을 날이면
잠들지 못하겠지

곁에서 웃고 있는 그 사람은
어쩌면 날 위해서 보내온 그림자일까
꿈처럼 울고 있는 긴 이야기는
널 위해서 쓰여 진 눈물 일거야

내 얼굴 보면서
이해할 수 있다면
그리 늦게 서있지는 않을 텐데
지독히 애 태우는
그 향기 때문에 놀라고 있는 것 일거야

〈누구든 혼자였다〉전문

시인의 일상적 시작을 추상해 보면 꿈과 현실을 풀어 놓은 행로가 아닌가 싶다.

그리움에 가슴을 포개면 눈물이 되고 '화원의 향기'는 아픈 몸살의 열꽃으로 핀다. 열꽃은 가슴에서 피어나 생활의 품으로 스며들게 마련이다. 그의 시는 대체적으로 언어의 술래이며 열꽃의 향기이다. 그럼에도 시품의 안부보다 애절한 몸짓의 언어가 더 진솔하다.

그것은 지나간 시간을 통하여 발효된 감성의 꽃이 발산하는 향기를 세상의 품성으로 옷을 입히는 빔이다.

사람은 언어의 의미보다 언어가 먹고 사는 무대에 관심이 쏠리게 마련이다. 어떠한 물상에 해석을 달기보다는 그 이미지의 흠과 물감에 흥미를 갖는다. 시도 마찬가지다. 언어의 울안에서 파생되는 숨은 소문을 찾아내어 장단이 맞을 때 그 시상에 공감하는 것이다. 그래서 시는 가슴으로 먹고 마음으로 품는다.

그의 시 한 편을 불러내 보자.

머리에는
소리 없는 세월이 내려앉아
하얗게 변해가고
윤기 잃은 얼굴에서
지난 세월을 읽는다

초롱초롱하던
눈망울은
광채 없는 수정체가 되어
안경 너머로 세상을 본다
이마엔 삶의 기록을
잔주름으로 대신하고
어깨로는
짊어진 생의 무게를 느낀다

늙지 않고
젊음을 구가하며
아름답게 살고 싶은
희망만이 이렇게 서있다

〈자화상〉전문

박종욱 시인의 〈자화상〉에서의 삶의 발전소는 휴식의 시간을 마다하며 생각의 물을 뿜는다. '짊어진 생의 무게' 를 바람과 구름으로 감당하여 그래도 찬가를 부른다. 삶이 바람의 골짜기에 갇힐 때 구름은 희망의 온돌이 되며 나무들 숲마저 위안의 뜰로 고요하다. 불온한 빗방울이 대지를 적시면 시인의 가슴은 훨훨 들판이 된다. 의연하게 받아들이는 시인의 품은 넉넉하여 따사롭다. 그의 시적 언저리에는 분명 꿈꾸는 둥지가 있다. 상징화 되는 시적 이미지의 물상이 의연하여 꼿꼿하다.

시인의 인간이 살아가는 '안경 너머의 세상' 은 분명 무지개의 꽃이 피리라는 확신의 믿음을 보여주려는 시의 목청을 태운다.

다음의 시를 감상해 보면 안다.

조금씩 약해지고 변해가는 모습에서
잠깐 살다 가는 것 같습니다

나이 드는 게 슬프기도
깨닫는 것도 있으니 고맙기도 합니다

자신을 돌아보니
지금껏 다른 사람의 허물만 보고 살아 온 듯합니다

비우고 살아가려
사는 게 만만치 않아
생각에 사로잡혀 하루를 다 보내고

자고나면
다시 시작하며

일어서는 연습을 혼자 중얼거립니다
〈혼자 하는 말〉전문

시 〈자화상〉이 시인의 반성적 독백이라면 〈혼자 하는 말〉은 비상하는 생명이 들판의 새에게 이삭을 허락하는 진취적 성찰의 관념이 아닌가.

시에서 철들은 관념은 자칫 헛디딘 시간의 절름발이며 무상한 추억의 그림자가 된다.

곳간에 곡식은 새가 탐내지 않는다. 더러는 사람의 식량이 되고 때로는 쥐가 넘나들며 축을 내기도 한다. 그러나 내공이 탄탄한 시적 알곡들은 밖의 세상을 먹이고 화답하는 풍요로운 통로가 되는 것이다.

그럼 거리로 나서는 시에게 물어 보자.

불빛 하나 둘 잠들기 시작 할 무렵
작은 별은 별이 되고파
숨쉬기를 한다

무거워 보이는 시침은
제각기 재갈거리고
일기장 한구석에는
못 다한 사연들이 침을 삼킨다

아직
하나 둘 추억의 아지랑이가 쌓여 가는데
자꾸만 흐려지는 공간사이로
잠을 청하는 저녁이 실타래를 감는다
〈가로등〉전문

시에 다가서는 내면의 미적 언질은 '별이 별이 되고 싶은' 세계로의 여정의 신발을 신는다. 시 한 편은 하나의 우주이며 한 인간의 울타리에 존속된 세계이다. 아마 그 세계는 한 인간의 삶의 역정이며 구가하는 이상의 표상이기도 하다. 구름이 건너 갈 강물에 다리를 놓는 꿈의 역사일 런지도 모른다.

아마도 인간의 궁극적 이상향을 찾아 떠나는 봇짐이 아닐까. 그 발걸음에는 시인의 문예적 가치가 슬프거나 때로는 그립거나 절절한 목마름이다. 시인은 그 갈증과 서원을 시로 마시며 땀을 경작한다.

그러면 시인의 시적 심상의 뗏목은 어디에 있을까.

세월의 무게는
세차게 부는 바람에
어김없이 가슴으로 젖어든다

온 몸으로 부대끼며
살아온 기억들은
희미한 흑백 필름으로 한 장씩 넘어 간다

수없이 부서지고 넘어지며 걸어온 길
앞으로 더 걸어가야 할
동산에 무지개가 뜨리라

거리를 타고 흘렀던
젊음의 함성도
어둠의 그림자도
이제와 강물로 흐르는데

마음의 문을 열어

편지를 쓰고 싶다

〈구름은 시간을 묻지 않는다〉전문

박종욱 시인의 〈구름은 시간을 묻지 않는다〉는 그 사상과 심상이 사려 깊고 두툼하다. 인간의 존재 가치에 대하여 부단히 의문하며 질문을 던진다. 어떠한 방식으로 든 삶의 시간표에 자리를 비워두지 않는다. 그의 잃어버린 시간의 이정표는 품 안에서 부화되는 달밤이며 파랑새의 날개다.

그의 삶의 물감이 색채의 유랑이라면 시는 언어가 자유 하는 판토마임이다. 시의 동작은 삶의 직선을 곡선으로 편곡하는 물심의 가락과도 공명한다.

그의 시는 삶의 에피소드로 즐기는 풍장이 아니다. 시대의 증언이 되기도 하며 고단한 시간과 동행하는 삶의 반려가 된다. 그의 시의 살가운 맛은 따뜻하여 포근하다.

시에서 '마음의 문을 열어/ 편지를 쓰고 싶다' 라는 은유는 냉철한 시간의 경계에 서서 그야말로 현실을 둥지에 품는 미래에 대한 갈급한 연민의 샘이다.

다음 시에서 시인이 낸 하나의 창문을 볼 수 있다.

어둠을 가르는 새벽

차가운 볼 비비며

불어오는 바람을 맞는 게 상큼하다

꿈속에서 본 너의 얼굴

무척이나 반갑더니

동트는 하늘 환하게

너의 모습으로 가득하다

장미빛 꽃 마음 하나가

매일 너에게 달려 가

가슴 속 파고들어도

어김없는 그리움으로

너를 찾는다

〈새벽 하늘〉전문

시는 인간의 내재된 미적 욕망과 물적 탐욕과의 충돌에서 빚어지는 혼돈의 정신을 타이르는 미학의 헤게모니일 런지도 모른다. 미적 언어의 충실한 바탕이 두루뭉술하다면 어디 살판나는 세상의 장미향을 기대하겠는가. 박종욱 시인의 시적 언어의 구도는 치열한 삶의 직선을 분지르며 현실적 곡선을 추구하다 끝내는 원의구도로 지향해 간다. 그가 추구하는 삶의 궁극적 아름다운 이상향은 아픈 미학의 완성에 있다.

언어의 궤적이 주문을 그릴 때 시인의 소망은 과녁에 닿고 싶은 것이다.

그가 시를 짓는 시적 미학의 근원은 다음의 시에서 여실히 드러난다.

사월이 떠난 자리

빈 가지에 꽃 피운

햇살 가득 숲을 이루며

청 보리밭에는 꿈이 영글어 간다

어느 눈부신 날

푸름으로 다가와

화목한 가정의

어른의 아이가 되어가고

갓 나온 노랑병아리도

마당에서 풀을 뜯는다

〈오월의 꿈〉전문

누구는 오월을 두고 '여왕의 계절' 이라 했다. 그러나 여기서 시인은 '여왕' 이 아니라 '청 보리밭' 과 '노랑병아리' 를 먼저 본다.

씨앗은 흙을 밀며 움이 트고 알은 품안에서 부화를 한다. 탄생의 아픈 시간이 지나면 새로운 세계로의 질서를 암시한다. 박종욱 시인이 추상하여 간구하는 시의 기도는 인간이 가야할 보편적 섭리의 순종에 있다. 아픔과 그리움의 텃밭을 땀으로 가꾸고 싶은 거다.

이것이 그의 미학적 건강한 시의 목청이자 시품(詩品)

의 도그마(dogma)다.

다음의 시와 차 한 잔을 나누며 문을 닫으려 한다.

지나간 삶의 그리움과

다가 올 삶의 기대 속에

우리는 늘 아쉬움이 있다

소박한 마음으로 살아가고

작은일 속에서도 보람을 느끼는

삶이 좋다

항상 무언가에 묶여

풀려고 애쓰는 우리들

잠깐이라도 희망의 연을

날릴 수 있다면

세상은 좀 더 따듯 해 지지 않을까

가진 것 하나 없는 빈손일지라도

감싸고 돌아가는 모든 것에 여유를 찾는

커피한잔의 언어로

시간을 따고 싶다

〈커피 한잔의 언어〉전문

바람이 불어도 그의 시적 언어의 캔들(candle)은 시화의 꽃으로 활활 핀다. 봉숭아 물든 손톱 밑의 가시가 자꾸만 욱신거려도 아픈 언어를 모질게 떠다밀지 못하고 꽃잎의 품안에 둔다.

그의 시상의 자리는 그 자리에 사람이 앉아야 안락하다. 아름다운 시간의 약속을 위한 이야기의 향기가 커피잔에 물씬하다. 이것은 바람의 시가 되는 그 시심의 환타지아(fantasia)다. 그의 시상은 자신의 공간을 구축해 가며 관계의 무드를 정화한다. 암울한 벽에 창문을 내어 빛의 향기를 입힌다.

박종욱 시인은 시상을 가지고 어거지로 농간을 부리지 않는다. 화려한 언어와 수다를 떨지도 않는다. 일상의 삶이 안쓰럽고 더러는 부대끼어 그저 시심을 풀어 놓는다. 가끔 상처의 흔적이 세월로 묻힐까 하여 추억으로 피워낸다. 우수에 젖은 빗방울은 항시 현실적 리듬으로 편곡이 된다.

그러므로 그의 시간의 술래는 풍경이 되고 그 표상의 언어는 심상의 위로가 되어 인간의 시가 된다.

초판인쇄 | 2015년 10월 5일
초판발행 | 2015년 10월 7일

저　　자 | 박종욱
펴 낸 곳 | 제3의 문학

주　　소 | 경기도 가평군 상면 축령로70번길 41-6
전　　화 | Seoul Office / (02)2279-3357~8
E-mail | 3munhak@hanmail.net

출판등록 | 2008. 8. 21 제1-2727호

가　　격 | 9,000원

ISBN 978-89-89629-10-8